리나 보 바르디는 1914년 이탈리아 로마에서 태어났어요.

Lina

앙헬라 레온 글·그림   이민 옮김

건축가의 꿈을 이룬 소녀, 리나 보 바르디

이유출판

1914년 유럽:

곳곳에서 새로운 사회적 현상이 나타나기 시작했습니다.

모자가 크게 유행했고

경마와 소풍을 즐기는 사람들도 많이 생겨났습니다.

여성들은 더 많은 권리를 요구하며 거리로 나섰고

공장에서 일하는 사람들도 점점 더 많아졌으며

큰 전쟁까지 일어났습니다 (이 전쟁은 4년 후에 끝이 났어요).

리나는 이탈리아 로마에서
고대의 아름다운 예술 작품들에
둘러싸여 어린 시절을 보냈습니다.
리나는 크고 웅장한 것을 좋아했고
어른이 되면 신나는 모험을 해서 누군가에게
자신의 모험담을 꼭 들려주겠다고 다짐했습니다.

리나는 아빠처럼 그림 그리기를 좋아해서
멋진 것들뿐 아니라 거리에서 흔히 볼 수 있는 것들,
예를 들면 수많은 사람들로 가득 찬 광장과 장사꾼들, 신나는 축제 등
이웃사람들이 살아가는 모습을 즐겨 그렸습니다.

리나가 자라는 사이 이탈리아에선 무솔리니가 권력을 잡았어요.
그는 권력을 휘두르며 많은 것을 금지했습니다.
결국 그의 말을 따르지 않으면 살 수 없게 되었죠.

무솔리니는 이탈리아의 도시들을 더 현대적으로 만들겠다며 로마 시내의 오래된 시가지를 많이 파괴했습니다.

그리고 새로운 도시를 만들었습니다.

결국 옛 도심에 살던 시민들은 어쩔 수 없이
도시 외곽으로 쫓겨나게 되었죠.

리나는 건축가가 되고 싶었어요.
건축은 사람들 없이는 존재할 수
없는 거라고 생각했으니까요.

건축가의 임무는 사람들이 갖고 있는 문제를 파악해서 이를 해결하는 것이죠.
그러니 건축가는 모든 면에서 생활의 달인이 되어야해요.

콩으로 요리를 어떻게 하는지부터

사람들이 목욕을 하는 방법까지...

심지어 변기가 어떻게 작동하는지도
알고 있어야 합니다.

그런데 그 시대엔 여성이
집 밖에서 일을 하거나 공부하는 것을
아무도 인정하지 않았습니다.

여성들이 할 일은 그저
결혼해서 아이를 낳고
요리와 청소 그리고
아이들을 돌보는
일이라고 생각했어요.

리나는 건축 공부를 마치고
이탈리아에서 가장 현대적인 도시인 밀라노로 이사했습니다.

얼마 후 제2차세계대전이 터지는 바람에
리나는 건축가가 되었는데도 건축 일을 할 수가 없었어요.
사람들은 오직 무언가를 파괴하는 것만 생각하는 것 같았습니다.
리나는 몇몇 중요한 잡지에 글과 그림을 기고하기 시작했습니다.

그러면서 여러 사람들을 알게 되었고
그들에게서 많은 것을 배울 수 있었습니다.

위대한 건축가이자 디자이너인 **지오 폰티**는
그런 사람들 중 한 사람이었습니다.
그는 리나에게 중요한 교훈을 한 가지 남겼는데
'디자인을 제대로 하려면 전통적인 기술을 알아야 하고,
그래야만 옛 전통을 살아있는 것으로 이어나갈 수 있다'는 것입니다.

이탈리아 북부 리구리아 지방의
전통적인 의자 키아바리나
1850.

지오폰티가 디자인한
슈퍼레제라(초경량) 의자
1955.

그 와중에도 터널 밖으로 나가
밝은 햇빛 아래서 무엇을 할까 상상하곤 했습니다.

스르르... 달콤한 낮잠에 빠지는 일 등등.
(전쟁 중엔 잠을 제대로 잘 수 없었으니까요.)

하지만 전쟁 중에도 좋은 일은 생기는 법이죠.

리나는 그 시대의 중요한 건축 디자인 잡지 ≪도무스≫의 편집장을 맡았고

거기서 미래의 남편이 될 **피에트로 바르디**를 만나게 됩니다.
그는 화랑을 운영하는 예술품 수집가이자 건축 평론가였습니다.

리나에겐 '망아지'라는 애칭을 가진 고양이 **조반니노**도 있었습니다.

피에트로는 매우 총명하고 여러모로 준비가 잘 된 인물이었습니다.
그는 다방면에 걸쳐 아는 게 많아서 누구나 그의 의견을 존중했습니다.
건축가가 아닌데도 20세기의 가장 중요한 건축가들이 모이는
국제회의에 초대받을 정도였어요.

여기, 아테네 항구로 들어오는 배 위에 서 있는 피에트로가 보이네요.

르 코르뷔지에와 주세페 테라니 등

유명한 건축가들 사이에서
손수건을 흔들고 있는 사람입니다.

전쟁이 끝나자 리나와 피에트로는 결혼을 했고 얼마 후
피에트로가 수집한 예술품을 배에 싣고 브라질로 이민을 갔습니다.

전쟁으로 모든 게 파괴된 이탈리아와 유럽을 떠난 것이죠.
브라질에선 모든 게 새로웠고 무엇이든 할 수 있었습니다.

리나와 피에트로는 리우 데 자네이루에 도착한 후, 많은 사람들을 만나 즐거운 시간을 보냈습니다.

친구들 중엔 브라질의 소울 푸드인 **페이주아다**를 맛보여 주려고 이들을 초대한 사람도 있었을 겁니다. 검은콩을 쌀과 고기, 양배추, 카사바 가루, 오렌지와 함께 끓인 이 음식은 브라질의 대표 요리니까요.

그러던 어느 날 이들은 인생에서 가장 중요한 인물을 만나게 됩니다. 그는 바로 **아시스 드 샤토브리앙**이란 신사입니다.

키는 작지만 우아한 이 신사는 34개의 신문사, 36개의 라디오 방송국 그리고 브라질 최초의 TV 방송국을 소유한 인물입니다.

그는 리나와 피에트로에게 상파울루 미술관 **MASP**을 만들어 달라고 요청했습니다.

건물이 완성되자 피에트로는 미술관 운영을 맡고
리나는 전시 공간을 디자인하는 일을 맡았습니다.

리나는 의자나 보석도 디자인하고 ≪**하비타트**≫라는
잡지를 만들어 글도 쓰고 브라질 이곳저곳을 여행하는 등
즐거운 나날을 보냅니다.

이 시기에 리나는 자신의 집을 설계했는데, 이 집은 리나의 첫 번째 건물로 전면에 유리를 사용해 집 안에서도 나무와 새 등 주변 경관을 모두 볼 수 있었죠.

얼마 후 이 집은 흥미로운 사람들과 물건으로 가득 채워졌습니다.
열대 정원 설계의 대가인 조경가 **버럴 막스**가
자신이 발견한 식물인 '크테난테 버럴 막시아이'를
리나에게 처음 보여준 적도 있고

또 유명한 일러스트 작가인 **솔 스타인버그**가
열대성 호우로 김이 서린 거실 유리창에 손으로 그림을 그리기도 했죠.

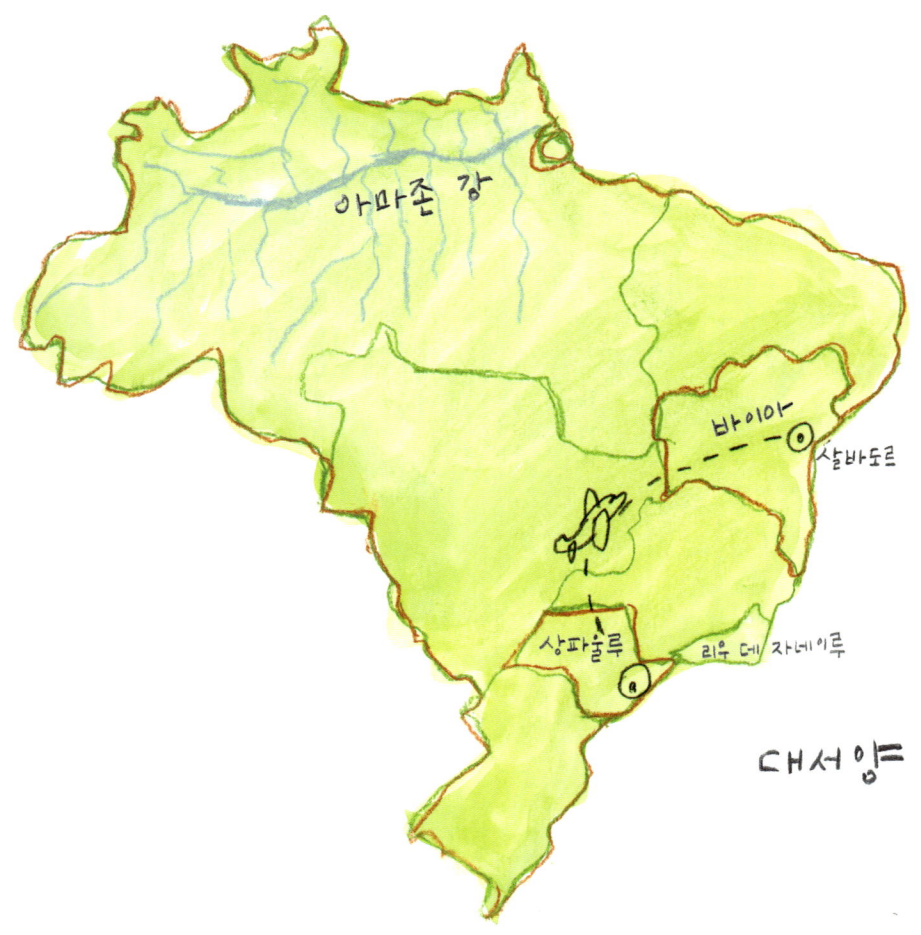

1959년

리나는 브라질 북동부 지역에서 매우 특별한 모험을 하게 됩니다.
생애 처음으로 바이아 주의 살바도르시에서 미술관을 운영하게 된 것입니다.

상파울루는 부유한 사람들과 현대적인 건물, 멋진 자동차가 넘쳐나는 곳이었죠.

한편 바이아 주에는 다른 느낌의 풍요로움이 있었습니다.
오래된 건물들, 춤과 음악 그리고 아프리카 문화에서 나오는 풍성함 말이죠.
이 모든 게 어우러져 바이아의 문화가 태어났고 리나는 이를 열렬히 사랑했습니다.

바이아 주의 현대미술관 **MAMB**은 다른 곳과는 다르게 만들어졌습니다. 여기선 예술품을 감상만 하는 게 아니라 작품을 만드는 것도 배울 수 있어 제대로 된 미술관-학교라 할 수 있었거든요. 리나는 예술이란 자연이나 일상적인 물건들 속에서도 발견할 수 있는 것이라고 생각했습니다. 그래서 작가들과 창작스튜디오를 구성하고 무게가 10톤이나 되는 바위를 에드가 드가의 그림 옆에 전시하는 계획도 세웠죠.

브라질 북동부에는 수많은 예술가들이 살고 있어서
예술의 향기가 도처에서 흘러넘쳤습니다.
옛 건축물뿐 아니라 물주전자로 쓰이는 항아리에서도!
이게 바로 일상생활 속의 예술입니다.
여기에 감동한 리나는 민중예술박물관도 만들기로 했죠.

리나는 바이아 주에서도 친구를 많이 사귀었습니다.
이들 중 몇몇은 음악과 영화 분야의 스타가 되었죠.
리나는 이들과 함께 춤추고
이들이 작곡한 아름다운 노래를 부르며
자신들이 좋아하는 것과 브라질의 발전을 위해
많은 얘기를 나눴습니다.

리나와 친구들이 좋아하는 것들

- 자연
- 대중예술
- 시네마 노보 **
- 맛있는 아이스크림
- 보사노바

* CAJÁ+PITANGA(카쟈+피탕가):살구와 망고를 합친 맛이 나는 카쟈와 단맛이 나는 피탕가로 만든 아이스크림.
** '새로운 영화'란 뜻으로 1960년대 브라질에서 독립적으로 활동하던 좌파 영화감독들의 이념적 운동.
*** AÇAI(아사이): 신맛과 쓴맛이 나는 야자수 열매, '아마존의 보랏빛 진주'로 불린다. (옮긴이)

리나와 친구들이 싫어하는 것들

- 가난
- 불평등
- 금지규정

즐겁고 행복한 나날이 이어지던 어느 날
이탈리아에서 무솔리니가 권력을 잡은 것처럼
바이아에서도 한 사람이 권력을 잡고 모든 걸 통치하기 시작했습니다.
미술관이든, 대중예술이든, 사람들의 의견이든 모두 부정했습니다.
군대가 모든 걸 통제하는 군부 통치가 시작된거예요.

리나는 어쩔 수 없이 바이아 주에서 추진하던 일들과
열정을 가지고 진행했던 모든 사업을 포기할 수밖에 없었어요.

리나는 상파울루 미술관 **MASP**의 신관을 짓기 위해 상파울루로 돌아갔습니다.

이 미술관은 상파울루의 가장 번화한 거리에 세워지게 됩니다.
매일 수천 명의 시민들이 도보나 자동차, 트램을 타고 지나는 도심 한복판에요.
리나는 모든 시민, 심지어 미술관이라면 고개를 돌리는 사람들까지도
이 미술관엔 꼭 오고 싶게 만들려고 했습니다.

이 미술관은 그냥 거리 한쪽에 세워지는 건물이 아니라
거리 자체가 미술관의 일부가 되도록 설계되었죠.
네 개의 기둥이 건물을 받치고 있어 마치 공중에
떠 있는 것처럼 보이고 지상층은 완전히 개방된 광장이 됩니다.

미술관과 광장이 하나로 통합된 모습으로
주변에는 멋진 조각물처럼 생긴 놀이시설도 있죠.
그러니 누구나 머릿속이 복잡할 땐,
여기가 미술관이란 걸 모른 채
가볍게 들러 어슬렁거려도 좋을 겁니다.

리나는 이 미술관이 침묵 속에 갇혀 마치 죽은 듯 보이는 건물, 즉 예술 작품의 단순한 저장고가 되는 걸 원치 않았습니다. 심지어 미술관의 벽마저도 식물로 뒤덮여 살아 있는 느낌을 갖게 하려고 했으니까요!

하지만 리나의 계획은 실현되지 못했어요. 식물로 채워진 벽은 너무 무거웠기 때문이죠. 그래서 리나는 미술관의 벽을 투명한 유리로 처리하기로 했습니다. 그녀의 집이나 바이아 주에 지으려고 했다가 결국 짓지 못했던 현대미술관처럼.

내부 공간도 다른 미술관과는 다른 모습입니다.
그림의 지지대도 유리나 콘크리트로 만들어져
그림이 공중에 떠 있는 것처럼 보이는 거죠!

그래서 사람들은 모두 이 새로운 미술관을 보고 싶어 했어요.

... 그렇다고 아주 특이한 부분까지 다 좋아하진 않았지만요.

그래서일까요? 이 미술관 이후로 리나에겐 좀처럼 설계 의뢰가
들어오지 않았습니다. 그러나 리나는 낙담하지 않고
연극인들과 함께 무대 연출에 전념하기로 결심했습니다.

하지만 그 시기에 브라질에선 남들과 다르게 생각하는 것조차 위험한 일이었어요. 그래서 리나는 다른 친구들이 그랬던 것처럼 잠시 동안 브라질을 떠나 있기로 했습니다.

그 후 리나는 아무런 건물도 짓지 못한 채 거의 9년이란 시간을 보냈습니다.
그러다가 화창한 어느 날 한 통의 전화 연락을 받게 됩니다.
어느 작은 마을에서 교회와 커뮤니티 센터를 짓고 싶다며
그녀에게 설계를 요청한 것입니다. 이 마을은 건설 자금이 부족했지만
마을 사람들 모두가 힘을 합쳐 건설 공사에 참여했습니다.

그러는 사이, 브라질에선 자유의 바람이 불기 시작했습니다.
그리고 리나는 또다시 인생에서 아주 특별한 프로젝트를 맡게 됩니다.

SESC 폼파이아(POMPÉIA)!

이 건물은 상파울루의 오래된 공장을 리모델링한 '복합문화센터'입니다.
리나가 이 프로젝트를 맡기 전까지 사람들은 대부분
새 건물을 짓기 위해선 이 공장을 철거해야 한다고 생각했습니다.
하지만 리나는 이곳을 방문하여 신나게 뛰어노는 아이들,
옹기종기 모여 있는 어른들, 함께 모여 샌드위치를 만드는 엄마와 아빠들...
이들 사이로 팝콘을 파는 사람들까지 모두가 어울려 시끌벅적
즐기는 모습을 보게 됩니다.

리나가 정말 중요하게 생각한 것들이 그곳에 다 있었습니다.
그것은 사람들이 함께 모여 공간을 즐기는 모습입니다.
더욱이 그 공장은 과거의 모습을 간직한
동네의 일부이므로 꼭 보존할 필요가 있었습니다.

단지 필요한 공간을 좀 더 확보하면 좋을 것 같았죠.
그래서 리나는 기존 건물 안에 극장, 식당, 전시 공간,
워크숍 룸을 만들었어요. 그리고 작은 물길을 만들어
강처럼 꾸미고 벽난로도 설치했습니다.

리나는 성채 같은 타워를 세우고
구멍처럼 생긴 창을 디자인해
유리를 끼우지 않고 그냥 두었으며

축구와 농구, 배구 경기장과

태권도 도장, 그리고
수영장까지 만들었습니다.

서로 경쟁하기 위해서가 아니라
즐기기 위해 만든 공간이었죠.

이 건물이 리나의 아이디어만으로
만들어진 건 아닙니다.
리나는 사실 스튜디오에서만
작업하는 걸 좋아하지 않아서
항상 실험적인 작업을 즐기며
신출내기 건축가와
일꾼들과 함께 현장에서
작업하는 걸 좋아했어요.

이 그림에서 보는 것처럼
리나는 일꾼들과 함께 좀 더
자연스런 건물 표면을 만들기 위해
널판지나 감자를 담는 포댓자루로
거푸집을 제작해
콘크리트를 붓고 있습니다.

리나는 이 복합문화센터를
아주 좋아해서
자기 집처럼 여기고
전시회 등을 기획하며
건물이 문을 연 후에도 줄곧
여기서 지내곤 했죠.

사람들도 이 복합문화센터를 매우 좋아했습니다.
리나는 어느새 70대에 접어들었는데 40대 때보다 더
일을 많이 하게 됩니다. 바이아 주에서도 그녀에게
미술관과 도시재생 계획을 의뢰하며
다시 돌아와 달라는 요청을 해왔습니다.
이번엔 지난번과 달리 바이아에서 교외로
아무도 이사할 필요가 없을 것입니다.

리나가 설계한 건물은 모두 그녀의 아이디어를 담고 있지만
복합문화센터는 다른 작품보다 더 리나의 개성이 잘 반영된 건물입니다.
이곳에서는 남녀노소, 가난한 사람과 부유한 사람이 함께 모여
놀고, 먹고, 춤과 음악을 즐기며 시간을 보낼 수 있습니다.

리나는 자신의 작품을 통해서
다른 건축가들이 할 수 없는 일을 해냈습니다.
그러나 무엇보다 중요한 건
리나가 어린 시절의 꿈을 이루었다는 사실입니다.
그건 바로 꿈 많던 소녀가 여러 사람에게 들려주고 싶었던
신나는 모험이었습니다.

리나 보 바르디는 자신이 두 번 태어났다고 말하곤 했습니다. 첫 번째는 1914년 로마, 아름다운 폐허와 언덕, 맛있는 아이스크림과 멋진 건축물이 가득한 도시에서였습니다. 제2차 세계대전이 일어난 후 긴장된 상황 속에서도 리나는 삶에서 중요한 것이 무엇인지를 깨달았습니다. 그것은 자신이 하고 싶은 일을 자유롭게 하며 살고 싶다는 것이었죠. 그녀는 작은 것보다 크고 웅장한 것을 좋아했기 때문에 건축가가 되기로 결심합니다.

두 번째 태어난 곳은 1946년 브라질에서였습니다. 이곳은 리나 자신이 선택한 장소였습니다. 어디서 태어날지를 선택할 수 없다면 어디서 살지는 선택할 수 있으니까요. 리나는 브라질의 자연과 사람들, 심지어 작고 사소한 일상적인 물건들까지 모두 좋아했습니다. 그리고 브라질에는 세상에서 가장 아름다운 음악도 있죠! 리나는 이곳에서 가구와 무대연출, 전시기획, 예술품 수집과 더불어 상파울루 미술관 같은 독특한 건축물을 디자인했습니다.

그런데 이 이야기 속에는 리나가 자주 마주쳤던 장애물이 숨어 있습니다. 그것은 어떤 인물이 아니라 하나의 사고방식으로, 독재 정권이 수많은 사람의 의견을 무시하고 자기들 마음대로 시민의 권리를 빼앗는 '전체주의'라는 장애물입니다. 그래서 리나는 자신이 원하는 삶, 아름다움과 모험으로 가득한 삶을 지키기 위해 더 용감하게 모든 위험을 감수해야 했던 것입니다.

©Topipittori, Milan 2019
Original title: Lina
All rights reserved http://www.topipittori.it

Korean translation IUBOOKS, 2022
Korean translation rights arranged with Topipittori through Orange Agency

앙헬라 레온은 스페인에서 태어났다. 마드리드에서 제품 디자인을 공부한 후 브라질로 이주하여 여러 지역 예술 기관에서 추진하는 프로젝트에 참여했다. 이때의 경험으로 도시에 대한 관심을 갖게 되었고, 이후 『환상적인 도시 상파울루 이야기 Guia Fantástico de São Paulo』를 출간하고 「이상적인 도시Utopian Urbanism」 프로젝트를 진행했다. 이 책 『리나 보 바르디』는 브라질에서 활동한 세계적인 여성 건축가의 생애를 소개하는 내용으로 2021 IBBY(국제아동청소년도서협회), FNLIJ(브라질국립아동청소년도서재단), TABF(도쿄아트북페어)에서 우수도서로 선정된 바 있다. 현재는 보그 까사 브라질 등의 매거진에서 일러스트 작업을 하고 있다.

이민은 충남 논산에서 태어났다. 한국과 이탈리아에서 건축을 공부한 후, 나폴리의 프란체스코 베네치아Francesco Venezia 스튜디오에서 실무를 익혔다. 1997년 (주)이손건축을 설립하고, 어린이 교육시설, 주거, 미술관 등을 설계했다. 1996년 베니스비엔날레, 2002년 광주비엔날레에 출품했으며 김수근 문화상, 한국건축가협회상을 수상했다. 2014년 이유출판을 설립, 운영하고 있다.

리나 보 바르디

지은이 앙헬라 레온
옮긴이 이민

초판 1쇄 발행 2022년 3월 11일
　　 2쇄 발행 2022년 9월 20일

펴낸이 이민·유정미
편집 이수빈
디자인 사이에서

펴낸곳 이유출판
주소 34630 대전시 동구 대전천동로 514
전화 070.4200.1118
팩스 070.4170.4107
이메일 iu14@iubooks.com
홈페이지 www.iubooks.com
페이스북 @iubooks11

ISBN 979-11-89534-27-1(77540)

유리의 집 1949 - 1952

바구니 의자 1951

벽에 식물이 자라는 치렐의 집 1957 - 1958

상파울루 미술관에 영감을 준 비에라 마르 미술관 1957 - 1969

뉴욕

insider guide

insideout™

추천! 뉴욕 여행

첫째날

오전 카네기 델리(Carnegie Deli)(p.37 참조)에서 아침 식사. 라디오 시티 뮤직 홀(Radio City Music Hall)(p.12 참조) 방문. 그랜드 센트럴 터미널(Grand Central Terminal)(p.7 참조) 방문. 수요일이면 안내 투어 신청할 것.

점심 캠벨 아파트먼트(Campbell Apartment)(p.39 참조)에 들러 칵테일 한 잔. (A)오이스터 바(Oyster Bar)(p.40 참조)에서 점심 식사.

오후 크라이슬러 빌딩(Chrysler Building)(p.6 참조)의 중앙 홀 방문. (B)5th Ave에서 쇼핑하기. (C)엠파이어 스테이트 빌딩(Empire State Building)(p.6 참조) 전망대에 올라 시내 전경 감상.

저녁 소호나 그리니치 빌리지에서의 저녁 식사. 볼머 레인즈(Bowlmor Lanes)(p.32 참조)에서 볼링 한 판.

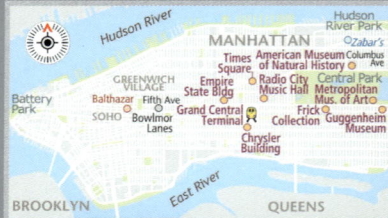

둘째날

오전 자바(Zabar's)(p.18 참조)에서 피크닉용 도시락 사기. 타임스 스퀘어(Times Square)(p.4 참조)의 (D) TKTS 티켓 판매소에서 브로드웨이 공연 티켓 구입. Coulmbus Ave에서 브런치를 즐기고 나서 거리 구경. 미국자연사 박물관(American Museum of Natural History)(p.4 참조) 체험.

점심 (E)센트럴 파크(Central Park)(p.5 참조)에서 점심 먹고 산책.

오후 프릭 컬렉션(Frick Collection)(p.6 참조), (F)구겐하임 박물관(Guggenheim Museum)(p.8 참조)이나 메트로폴리탄 미술관(Metropolitan Museum of Art)(p.9 참조) 체험.

저녁 브로드웨이 쇼 관람 후 발타자르(Balthazar)(p.37 참조)에서 저녁 식사.

CONTENTS

볼거리 See it 미술관에서 공원까지 — **2**

쇼핑거리 Buy it 백화점에서 벼룩시장까지 — **14**

구경거리 Watch it 뮤지컬에서 스포츠까지 — **22**

먹을거리 Taste it 현지 음식에서 세계 전통요리까지 — **34**

알거리 Know it 지하철에서 병원, 은행까지 — **42**

여행자 수첩 호텔, 박물관 등 주요 여행정보 리스트 — **50**

메모장 — **62**

찾아보기 / 말해보세요 — **64**

이 책의 각 장소에는 지도상의 위치가 함께 표시되어 있다.
(**1** 은 맨해튼 다운타운 지도, **2** 는 맨해튼 중심가 지도에서 찾을 것.)

뉴욕의 볼거리

9.11 테러가 휩쓸고 지나갔으나, 뉴욕이 다시 일어서는 데는 그리 오랜 시간이 걸리지 않았다. 변화로 힘을 얻고 활기와 에너지가 세계의 유행을 선도하는 도시, 이곳을 가득 메운 다양성으로 도시는 찬란하게 빛을 발한다. 엘리베이터를 타고 초고층 건물에 올라가보거나 쇼핑을 즐기거나 메트로폴리탄 오페라하우스 꼭대기에서 바라보는 일몰에 취하는 등, 이처럼 조밀한 공간에서 많은 '할거리'를 제공하는 곳은 오로지 뉴욕뿐이다. 세계 최고의 미술관과 화려한 부티크, 세련된 레스토랑, 활기 넘치는 극장에서 느끼는 짜릿한 흥분에서 뉴요커들의 재치와 활기, 독창성까지, 이제부터 뉴욕에서 도시의 진수를 맛보자.